Axel Rheineck · Litera-Türchen

Für Uschi

Axel Rheineck

Litera-Türchen

Gedichte zum Feierabend

Musenküsse

Kunstdünger

Tafelspitzen

Bibliografische Information der Deutschen Nationalbibliothek:
Die Deutsche Nationalbibliothek verzeichnet diese Publikation in
der Deutschen Nationalbibliografie; detaillierte bibliografische Daten
sind im Internet über http://dnb.dnb.de abrufbar.

Herstellung und Verlag:
BoD – Books on Demand, Norderstedt
ISBN: 978-3-7481-7803-3

Inhalt

KLEINER REISEKOFFER

FROHKOST

VIVAT, CRESCAT, FLOREAT

SEELENLICHTER

HERZKLOPFEN

VERDOKTERT UND VERPILLT

TIERISCH

DURCHS JAHR SPAZIERT

LIMERICKS

STUHLPROBE ???

Aquarius

Der Liebe Gott saß ernst und stumm
und grübelte mit sich herum:
Die Stückzahl Homo Sapiens
täglich geschaffen ist immens. –
Doch was wird letztlich draus?

Ein Homo bleibt er bis ins Grab,
mit sapiens geht's meist bergab. –
Aus Schaffensfreud' wird Graus.

So klopft er an mit dreimal toi
sein himmlisches Gehirn,
versammelt, dass es fruchtbar sei,
sein Liebstes an Gestirn.

Ob as-, ob trans-, ob deszendent,
ob grau, ob schwarz das Firmament,
geformt hat er mit Hochgenuss
die Menschen im Aquarius. –

Und als sein Gotteswort verhallt,
bekommt es menschliche Gestalt,
und was an Kopf, Bein, Brust und Po,
das stimmt ja volens sowieso.

Ein Listchen hier, ein Tücklein dort,
ein klarer Geist, manch' hilfreich' Wort,
Glück, das sein Atem eingehaucht,
gebiert, statt dass es sich verbraucht,
erneutes Glück und Seligkeit.
Ein göttlich' Lächeln macht sich breit.

So ist gestärkt der Schaffensdrang
durch dieser Seele schönen Klang.
Nur eines tut ihm heut' schon leid:
Ein Mensch ist's mit Vergänglichkeit.

Geda(e)nken an Peter Rühmkorf
(+ 8. Juni 2008)

Oh du verrauchter viel gerühmter Korf,
nun bist du Engel
in dem olympen weit entfernten Dorf,
hinaufbeflügelt in die Ewigkeit,
den Herzen nah und doch so weit
hinweg geblasen zwischen Glimm und Stängel.

Nun sei Gebot, dass unser Geist
den deinen bräuchte,
dass er allhier und zwar zu jeder Zeit
in unsre Hirnenschalen leuchte.

So viele Schnuppen fielen hell aus deinem Stern,
so viele Verse knipsten Lichter an. –

Nun ausgeverst und weg gezigarettet,
der Quellensprudel leer:
Unwiederbringlich hat der Teer
dich ins Nirwana fort gerettet.

Du bleibst, – doch reißt die große Lücke
ins Wunderland der Worte.
Ein Rühm, ein Korf, zwei Stücke
verschweben sich im Lauf der Zeit;
doch hin und wieder trudeln sie in unsre Mitte
inständig leise mit der Bitte,
ach bleib' – verdreht und lustig listig,
ideenreich und wortartistig –
wenn auch entflohen und amorph,
du Ruhm-, nein Rühm- , mit Recht gerühmter -korf.

Schwein am Morgen

Die Dämmerung hebt sich ins All,
ich fühle sanftes Beben. –
Ein erster Furz, ein Widerhall,
der Tag füllt sich mit Leben.

Ein Rauschen tönt durchs Labyrinth
häuslicher Abflussröhren,
dass andre auch am Wachen sind,
kann man schon deutlich hören.

Erste Gedanken brechen Bahn;
ob ich mich schon erhebe? –
Prämisse für den Tagesplan
ist, dass ich weiß, ich lebe.

Und dankesschwanger wird bewusst,
im Innern schlummert Drang und Lust.
Ein Griff zum Hemd, ich bin soweit,
hier ist der Tag, ich bin bereit!

So fang' ich dichtend an und werkel', –
im Schweinehaben sehr begabt, –
denk an mein Glück und denk' an Ferkel,
und sag mir: wieder Schwein gehabt.

Lichtgestalt

Warm strahlt uns die Sonne an
grade erst geboren.
Reich, wer früh erwachen kann,
himmlisch auserkoren.

Für das Leuchten ist er Spiegel,
Helligkeit erfüllt sein Herz,
Sonnenküsse sind sein Siegel,
Ziele streben himmelwärts.

Feuer wollen in ihm glimmen,
Wünsche glüh'n und brennen hell,
Licht will Geist und Herz umschwimmen,
alles Dunkel schwindet schnell.

Reime-Üben mit „-ack"

Ein Doofer ist ein Dämelack.
Der Segler hält sein Segel back.
Die Uhr von Opa macht tick tack.
Auf Steppen reitet der Kosak.

Dem Kleinkind sagt man: setz' dich, kack'!
Kein Schiss, gibt's Klätschchen auf die Back'.
Ein Huhn macht nach dem Vorgang: gack,
der Eierspeise Vorgeschmack.

Gar lustig ist der Chapeau-Claque,
und der sitzt auf dem Mann im Frack. –
Ein kluger Mensch liebt den Cognac,
dazu ein Pfeifchen mit Tabak,
so kommt man dann auf den Geschmack
von Scherzen, Possen, Schabernack.

Traum

An dem Flüsschen Irgendwo habe ich gesessen,
hab' beim Plätschern seiner Wellen meine Zeit
vergessen.

Meine Hast aus Ebenschnell machte endlich Pause,
und die Luft aus Lassmichlos atmete Zuhause.

Farben, Duft und Blütenmeer lenkten alles Denken,
Sein in der Unendlichkeit lebte nur vom Schenken.

Lichtgedanken händezart streichelten die Seele,
dass am Glück im Träumerland niemals etwas fehle.

Still im Lächeln Seligmach bin ich eingeschlafen,
fern am Flüsschen Irgendwo fand ich einen Hafen.

Steine

Steine liegen reglos stumm,
haben keine Beine.
Kinder laufen viel herum,
aber niemals Steine.

Diese können schwer wie Blei
auf dem Herzen liegen.
Gibt es eine Meuterei,
können sie gar fliegen.

Steine kriminell im Sack
helfen Leichen senken;
Stein geschliffen mit Geschmack
ist betuchtes Schenken.

Guter Stein für Eigenheim
böser Stein für Galle,
Murmeln bunt fürs Kindelein,
Grabstein fein für alle.

Beschwerliche Nacht

Als tausend Sterne – vor allen Dingen
ein kreisrunder Mond – durch den Himmel gingen,
wollte mein Wachsein ohne Pausen
über Wälder und Felder und Bettlaken brausen.

Die Seele stakste durch tiefe Nacht,
ich meinte zu wissen, ich hätte gewacht.
So kämpfte ich heftig etwa gegen halb drei
mit Exterrestrischen und Polizei.

Und ich holte weit aus und metzelte,
ich stach vor und rück und schnetzelte,
und es riss mich was hoch mit teuflischer Lust
und hämmerte schmerzhaft in meiner Brust;
es war wie Knall, doch mehr ein Geklirr,
entlarvte sich dann als bares Geschirr. –

Da lag ich von Daunen gestreichelt so mild,
doch es trommelte immer noch in mir wild.
Und als müde Augen im Spiegel sich trafen,
stierten sie schlaff. – Ich hatte geschlafen.

Seelendeo

Da sitzt du rum auf deinem Pöter,
und in dir drin wird's tot und töter;
gib zu, das ist doch kein Gebaren:
Dein trüber Sinn lässt einen fahren,
und deine Umwelt atmet tief
den raus geblas'nen Seelenmief. –

Nun gut, bei deinem schweren Fall
gestatt' ich dir noch einen Knall;
doch dann, mein Freund, musst du erwachen,
versprüh' deodorantes Lachen!

Denken und handeln

Denken und handeln
das sind mindestens zwei;
und ich dachte, ich handelte,
doch ich verwandelte
wenig dabei.

Wollen und machen
das sind ebenso zwei;
jedoch meinen zu wollen
und machen zu sollen
ist Wortklauberei.

Jetzt denk ich, ich sollte,
was ich gestern noch wollte,
tatsächlich mal machen.
Es ist zum Lachen:
Was war das noch mal? –
Irgendwas mit oral ....

Ja, – ich wollte dran denken,
mir ein Glas einzuschenken:
Denn das stärkt das Wollen
für das Machensollen. –
Ein herrlicher Trost! –
Na, denn prost!

LAND UNTER ?

Deutscher Grabgesang - Anno 2001

Ach, du schöne Deutsche Mark,
du warst hart, und du warst stark.
Jetzt, mit Pauken und Trompeten,
wird man dich zu Grabe treten, –
stolzes Nationalgeschick,
Opferlamm der Politik.

Gulden, Lire, Franc, Pesete
wie auch D-Mark – alles Knete!
Namen sind wie Schall und Rauch,
und das bist du schließlich auch;
doch mit deinem stolzen Namen
warst du deutscher Wirtschaft Samen.

Als man dich durch Schaffen sachte
zu der harten D-Mark machte,
schwoll die schlaffe deutsche Brust,
und man wurde selbstbewusst. –
Stieg der faulen Säcke Zahl,
war die Härte nur noch Schal'.

Eins Punkt neun, fünf, fünf, acht, drei, –
teil', – nimm' mal, – es ist vorbei:
Bald, nach banger Würdigung,
geht's ins Krematorium! –
Deutsche Mark, in deinem Namen,
grüßen wir den EURO. – Amen.

Arbeitgeberlied

Werkeln, basteln, schrauben, stopfen,
sägen, feilen, bohren, klopfen,
hobeln, schaben, schruppen, schlichten,
sekundenschnell Geschäft verrichten;
nie fehlen, außer todeskrank,
nie Vorschuss fordern, wenn man blank.

Pließten, honen, hämmern, spalten,
schmieren, bürsten, pinseln, falten,
schneiden, zeichnen, putzen, schichten,
auf Überstundenlohn verzichten;
kassiert der Staat doch sowieso,
macht dich nicht reich und mich nicht froh.

Entgraten, stanzen, schmieden, richten,
ätzen, polieren, falzen, dichten,
verbiegen, glühen, löten, kleistern,
Problem des Vorgesetzten meistern.
Die Augen offen, zu den Mund,
dem Chef von allem geben Kund.

Maurerlob

Das Kinn auf deine Schaufel stütz',
die Arbeitszeit durch Pausen nütz';
Osman freut sich,
holt dir Flasche,
sei nicht geizig,
nasche!

Zum Schuften sind die Gäste da,
aus Izmir, Trento, Malaga;
die Sonne scheint,
die Brust mach' frei,
damit dein Teint
gedeih'!

Ein Teil Zement, drei Teile Sand
und Hohlblocksteine im Verband; –
das Richtfest naht,
hau' rein für vier,
als Mann der Tat
beim Bier!

Schlecht Wetter gleich Schlechtwettergeld
und stempeln, was der Stempel hält;
schwarz ist der Lohn
und hell das Bier;
was kannst du schon
dafür!

Portrait ironique

Auf dem WC im Waschtischspiegel
komplimentiert dir dein Gesicht:
Für Lauterkeit ein Brief und Siegel,
im wachen Auge leuchtet Licht.

Der Intellekt hat Spuren hinterlassen,
und deine Zähne beißen auf Beständigkeit.
Was deine grauen Zellen nicht erfassen,
verbirgt ein lächelndes „Allzeitbereit".

Die linke Braue angelüpft
lässt schließen auf den skeptischen Verstand,
und wenn das Paar der Nasenflügel hüpft,
scheint die Thematik höchst brisant.

Und doch, in harter Arbeit angequälte Krähenfüße
verraten Kennern die Struktur:
Im Grunde hasst du Saures, liebst das Süße,
bist angekratzte Frohnatur.

Sei mit dir dann und wann zufrieden,
sagst du dem spiegelnden Kalfakter,
wenn deine Züge Ausdruck deines Innenlebens blieben,
wärst du ein Kopf mit einem Hauch Charakter.

Ein Politikum

War das Absicht,
nur durch Draufsicht
sogleich Übersicht zu haben?

Meiner Ansicht
wird die Durchsicht
hier mit Umsicht untergraben.

Also Vorsicht! –
Will man Klarsicht
nicht mit Nachsicht gleich begraben.

Einsicht
ist trotz Umsicht
nur mit Aufsicht nicht zu haben.

Neues Altes

Ein neues Jahr
wie es jedes Jahr war:
Konflikte und Not zum verwechseln.
Hie Maden im Speck,
dort Malade im Dreck, –
Regierungen kli, kla, kleckseln.

Es kommt neue Zeit
wie in alter Zeit;
auch die Herrschaft könnte mal wechseln.
Sie könnte mal weg,
sie sollte mal weg,
sie müsste mal weg, weg, wechseln.

Verkannte Zielchen,
bekannte Spielchen,
und die Mannschaften sind zum verwechseln;
und die sitzen im Dreck,
und kleben am Dreck,
und bleiben am dreck, dreck, drechseln.

Fragen erlaubt?

Ist Überfluss heilbar?
Ist Verspeisen bekömmlich?
Ist Ehrgeiz teilbar?
Ist Frömmigkeit frömmlich?

Ist Arbeit gleich Schaffen?
Ist Stress ein Bekenntnis?
Ist Pause Erschlaffen?
Ist Wissen Erkenntnis?

Ist die Ferne zertrennend
und Erfüllung im Nah?
Ist Liebe verbrennend,
wenn sie süchtig geschah?

Sind wir suchend im Guten?
Sind Werte verstaubt?
Können Herzen verbluten
im Meer von Statuten? –

Ist Fragen erlaubt?

Teeny

Ihr seid ja alle stink normal! –
Das ist doch hörni, das ist qual! –

Ordnung um sich selber willen? –
Gebt mir lieber Babypillen! –

Parfüm und Seife machen krank:
Hoch lebe der Stank!

Auf'm Knopp:
„Kernkraft stopp!"
Und Mopp
auf'm Kopp
is' topp!

So geht's nicht, mein Vaterland

Ich hab mich heute überfressen.
Ich spür', mich dräut eine Malaise.
Und nach bescheidenem Ermessen
war's klar die deutsche Majonäse.

Wenn Ei, Ei, Ei zu lange offen
in lauwarmer Umgebung steht,
dann darf man auf ein Schlechtsein hoffen,
dann wird Verdauung umgedreht.

Speiübelsein vergeht beizeiten.
Das reinigt dich brutal von innen.
Man braucht die Hosen nicht mehr weiten,
die Wohlfahrtswölbung geht von hinnen.

Endlich mal wieder Hunger fühlen. –
Es muss nicht zu Ödemen führen. –
Dürste mit schlichtem Nass zu kühlen,
lässt dich dein Sein erst richtig spüren.

Der Einschränkungen gülden Band
es sollte spannen, sich nicht lösen. –
Denn so geht's nicht auf Dauer, Vaterland,
auf einem Schlemmerkissen hinzudösen.

Noch schöner

Camouflage
ist in unserem Age
für das Flair
nécessaire.

Und am ganzen Körper Peeling
macht ein sinnig wildes Feeling,
nach dem Pellen
frische Zellen
lassen schlaffe Brüste quellen.

Öle, Molke, Kräuter, Crème
in die Häutchen einmassiert,
Borsten, Härchen epiliert,
tief gereinigt und drainiert, –

bist und bleibst wie köne:
möne
Schöne!

Immer auf Draht

Auf Draht ist, wer sich informiert,
was täglich auf der Welt passiert.
Auch wenn man leicht an dem Produkt
der Medien sich bös verschluckt;
denn trübe wird selbst heitrer Sinn,
schaut oder hört man eisern hin.

Da reicht für Höllenglut und Graus
die tollste Phantasie nicht aus.
Drum tu dir wohl und reduzier'
die Sensationenlust und die Gier,
schalt deine Sender einfach um
auf Firlefanz und Gaudium,
auf Feingefühl, Philosophie,
damit sie stimmt, die Symmetrie
in Geist und Körper, Herz und Seele
und es dir nicht an Frohsinn fehle.

Drum heil der Falte im Gesicht,
die von Humor und Lachen spricht;
denn Lachen hilft, und Gott sei Dank,
es lacht sich selten einer krank.

Teufelskreis

Im Streben, Weisheit zu erlangen,
hat sich der Mensch seit je verfangen;
bei Fortschritt und Bequemlichkeit,
kam er dagegen teuflisch weit:

Da schuften wild für ihn Maschinen,
da lässt er sich lasziv bedienen;
da raubt Erfindung seine Kraft,
die nur besteht, wenn er stramm schafft.

So muss, damit er nicht erliegt
und nicht die Schlaffheit ihn besiegt,
ein Hobby her und soll ihn stählen
und wird ihn vielmal stärker quälen,
als es die Arbeit jemals tat,
die er durch Geist vermieden hat.

Braune Flecken

Auf einmal wird mir jubelnd klar,
wie weiß und deutsch ich bin.
Bi stellenweise rosa zwar,
ein Urlaubs-Braungebrannter gar,
doch immerhin:

Ich bin gern ein Agierer
und hier und da Berührer,
bin bestenfalls Verführer,
auf jeden Fall Parierer.

Da steh' ich breit und fleischig rum,
die Stiebel schwarz im Wichs,
und treibt sich fremdes Volk herum
auf deutschem Territorium,
dann kenn' ich nix!

Ich bin ein Agitierer,
ein guter Funktionierer,
ein echter Ignorierer,
wenn's sein muss Drangsalierr.

Mein Schädel auf dem Nacken
soll dir ein Spiegel sein
für alte braune Jacken,
zusamm'geschlag'ne Hacken,
klebrigen Sprücheleim.

Ich bin der Ausquartierer,
völkischer Randalierer,
hohlflacher Deutschblamierer, -
und – Gott gib! – ein Verlierer.

Fernsehabend

Heute guck' ich in den Kasten,
lass' mich wieder mal verwöhnen.
Überhaupt, was soll das Fasten,
Bauch wie Hirn soll vollfett stöhnen.

Und schon jagt nach all dem Hasten
Liebe sich mit Hieb und Stich.
Die Regie greift in die Tasten, –
und das alles nur für mich!

Ächz und Ätz und Gruselnummer, –
die Familie ist vereint;
trifft sich ob des Leibes Hunger. –
Horch! – der Mikrowellen Summer! –
Vor dir flimmert Liebeskummer; –
starb da einer? – Keiner weint.

Geschenkt

Manche Menschen haben eben
sehr viel Glück in ihrem Leben.
Doch man wird nicht dadurch reich,
sieht man andre im Vergleich,
sind doch unsre besten Stücke
Summen froher Augenblicke.

Wer auch immer wacht dort droben,
eifrig wollen wir ihn loben,
wollen voller Dankbarkeit
Chancen nutzen und die Zeit,
die man uns und unsrer Brut
zauberte aus vollem Hut.

Gelobt sei die zufried'ne Art,
Not, Trauer, Krieg bleib' uns erspart;
lasst prüfend bleiben, was wir denken
und andren unsre Achtung schenken.
Für fremden Kummer Sinne offen
sprießt aus den Tiefen alles Hoffen;
dankbar geht so der eigne Blick
in die Vergangenheit zurück,
im tiefen Herzen eingedenk,
hier sein und leben ist Geschenk.

Warum hat Gott uns lieb?

Wenn ich kinderlustig hüpfe,
und dann meine Kappe lüpfe,
pufft eine Gedankenwolke
in die Nüchternheit hinaus.

Regnet auf die breiten Stirnen,
auf die kühlen, hellen Birnen,
spült ein schüchtern mitleidvolles,
winzig Lächelchen heraus.

Mein Hut geht durch die Menge,
nur Gnadenbrot ist drin. –
Machen in all dem Gedränge
überhaupt sanfte Zwänge
zu Freude und Herzlichkeit Sinn? –

Leben geht immer so weiter.
Seit es uns Menschen gibt
werden wir pleiter. –
Warum hat Gott uns lieb?

Gute Nachbarschaft

Du musst dich nicht dagegen wehren,
im Gegenteil, du sollst sie ehren,
die Chancen nutzen zu belehren
und dadurch auch dein Ego mehren.

So läufst du rum, die Brust voll Kraft,
in angenehmer Nachbarschaft.

Auch muss man es sich nicht verwehren,
bei seinem Nachbarn einzukehren,
mit seinem Dasein ihn zu ehren,
um eine Brotzeit zu verzehren.

Statt dass man hinterm Fenster gafft,
was gerade jetzt der Nachbar schafft,
tankt man doch lieber gönnerhaft,
Brot, Käse, Kuchen, Saft und Kraft
und stärkt durch fremde Gastwirtschaft,
den Segen guter Nachbarschaft

KLEINER REISEKOFFER

Piste frei!

Vor mir dreht sich mein Propeller,
Fahrgestell klebt unten bang
auf dem Heimatpistenteller.
Der Propeller wirbelt schneller,
zieht mir schon die Nase lang.

Krethi Plethi auf dem Tower
gibt noch nicht die Startbahn frei;
so dosier' ich Saft und Power,
und mein Motor wird nicht sauer,
läuft sich warm für Countdown high.

Hallo, Aircrafts, ich bin fit,
wackle grüßend mit den Flügeln;
bin voll aufgetankt mit Sprit
für den Sehnsuchtswolkenritt
zu neuen Seen und Hügeln.

Reisen bildet

Ei, wie schön kann Reisen sein,
macht man Reisen nicht allein.
Bilder stapeln sich im Kopf,
später schöpft man aus dem Topf.

Menschen, Länder, Wesensarten
füllen unsren Lebensgarten,
bunte Vielfalt reift und sprießt,
und in unsren Adern fließt
edle, wertvolle Substanz:

Wissen, Klugheit, Toleranz.

Griechische Impressionen

Wie ich das finde! –
Taten die Winde
des alten Poseidon
am Cape Sounion
durch der Säulen Alleen
um die Ohren mir weh'n!

Kellner, noch einen! –
Es ist zum Weinen:
Vino, white wine,
ich ganz allein,
mit Blanc de Blanc,
das mittenmang
im Herz der Antique,
unisolo, unique!

Dann in die Küche,
ins Land der Gerüche:
Have a look in the box,
many fish on the rocks;
ich catch mir einen. –
Es ist wieder zum Weinen:
Maridhes, Barbuni,
ich uno statt uni
vor Fischen und Wein
ganz solo, allein.

Stückchen für Stückchen,
Schlückchen für Schlückchen, –
Athanassiadi ist Wein,
Aphrodite ist klein,

mein Herzchen ist rein,
ich bin ja allein.

Wie die Drachmen steigen
und die Kellner sich neigen;
entgleitet der Zwang
zum Zusammenhang.
Alle Hemmungen fallen,
und im Ansatz zum Lallen
sag' ich dezent
trotz Promill' kompetent:
Must leave you, my friend, –
Finale and end, –
Shake hand!

Erwachen im Haus eines Freundes am Gardasee

Auf die hohle Hand gehustet,
in die Weite hingepustet
fliegen muntere Gedanken
hin zum Campanile fern. –

Dann herauf die Glocken klingen,
die im Wettstreit zu mir singen,
und das frühe Morgenlicht
warm durch alle Ritzen bricht;
lässt mich vorsichtig erwachen,
zaubert mir ein kleines Lachen
auf mein schlafendes Gesicht. –

Fallen müssen Alltagsschranken,
Lust und Lachen darf ich tanken, –
wie, mein Freund, kann ich dir danken! –
Jetzt leb' ich noch mal so gern.

Garda, Riva, Gargano,
Limone, Mont' Pizzocolo,
Torri de Benaco, oh, –
euch zu grüßen macht mich froh!

Ohne dich in München

Uschilein, Uschileinchen!

Da ich in München bin,
fress' ich ein Schweinchen,
gehaxt und gegrillt,
dass der Bauch mir schwillt.
Ein Bissen für mich und einer im Sinn.

Wenn ich dann durstig bin,
schau ich zur Wurst nicht hin,
denn im Bier liegt er drin,
der Segen.
Weshalb oder ebenso wegen
dem ich verweile,
mein Schwein mit dir teile. –
Zwei Maß für mich und eines im Sinn.

Urlaub auf dem Bauernhof

Da murkst etwas,
da wird gefiept,
da purkst etwas,
da wird gepiept,
da segelt etwas um die Stirn,
da sticht die Schnake ins Gehirn,
da hüppt der Floh, da hüppt das Schwein,
da kratzt sich nicht das Tier allein;

da dampft ein Apfel warm im Stroh,
da wiehert es von irgendwo,
da gibt's Gegluckse und Gegacker,
da wühlt die Maus in warmem Acker;
da kommt man schließlich auf die Spur
der herzerfrischenden Natur,
vergisst die Welt der Konjunktur
bei hochprozentiger Mixtur.

Und kaum hat man die Flut genossen,
wird schon die nächste eingegossen:
Und inspirierend fällt mir ein,
auf diese Weise hat man Schwein.

Grillparty mit Hund

Ach wie herrlich ist doch diese
Nachbarschaft zum Paradiese!

Hier auf ländlichem Gelände
rühren sich gar fleiß'ge Hände,
damit Magen, Herz und Nieren
ein gesundes Wohlsein spüren.

Denn in diesem feinem Garten
darf man nun auf Grillgut warten,
während Flaschenkorken knallen,
findet Obstler schon Gefallen. –

Ungebremst läuft auch die Kunde
von der Speise zu dem Hunde.
Dessen wichtigstes Begehr
ist ja schließlich der Verzehr. –

Heiter lehnt man sich zurück.
Wie ein Zubehör zum Glück
weiß man – mit und ohne Wein –
Freude ist, hier Gast zu sein.

Gerädertes Vergnügen

Zwei Männer waren ganz allein
und prüften über Stock und Stein
nicht nur das Ganz-Alleine-Sein,
sie prüften auch Ihr Mannsgebein.

Wenn auch der Steiß am Druckpunkt wund,
der Lauf der Räder, er bleibt rund
und provoziert zum Weitertreten
wie zum fidelen Backenkneten.

Nach heldenhafter Männertour,
durch Berg und Tal und Wald und Flur,
ist bald Vergnügen angesagt,
das auch den Liebsten sehr behagt.

Wie glücklich dann die Damenwelt:
Die Sonne lacht am Himmelszelt.
Ein Wiederseh'n wie im Gedicht: –
Es wächst die Liebe im Verzicht.

Heimfahrt nach längerer Reise

Da sitze ich und stütze
den Kopf auf die geballte Faust;
und voller Freude unter meiner Mütze
kommt mein Gedankenzug gebraust.

Es zischt und dampft in meinem Kessel,
ich schaufle neue Kohlen auf
und träum von deinem Ohrensessel,
auf dem ich weit gereist verschnauf'.

Vier Räder kugeln glühend über die Geleise,
ein jedes möchte schneller bei dir sein,
Liebe und Lob genießen nach der Reise
heim.

Reisen

Was man erzählt, wie es auch sei,
entstammt zuletzt des Kopfes Ei.
Manch Anekdote hat den Schimmer
des Reisetraums durch Schlafes Zimmer.

Wie kühn die Fabeln, was gewesen,
an Orten, die man sich erlesen!
Und spannend ist, was man entlieh
dem 6. Sinn, der Phantasie;

nur klärt sich oft ganz unumwunden,
was hier und dort dazu erfunden.
Authentisches aus Nachbars Mund
macht schwarz und weiß, was vorher bunt,
und was so meisterhaft geschönt,
wird durch die Fakten nun verhöhnt. –

Das Geld, die Nerven sind zerrieben.
Wär' man doch nur zu Haus' geblieben!
Statt mit der Masse fort zu rennen,
hätte die Seele baumeln können!

Das Super-Plus- und Sparpaket,
das dir zum Weltenbummel rät,
den Fernenzauber eher trübt
für den, der Urlaubsruhe liebt.

So ist für manchen Reisen gut,
wenn er's daheim durchs Leben tut.

An meine Tasse

Wer mag dich erfunden haben,
irdenes Gefäß,
dass die Menschheit sich kann laben
maßvoll aber voll der Gaben,
die an deinen Wänden schaben,
deinem Maß gemäß!

Wie viel Wohlsein, wie viel Schlürfen,
wie viel Husten in dein Rund
hast du schon erfahren dürfen,
wie viel Löffeln bis zum Grund!

Und vor Ehrfurcht beug' ich mich
tief vor jedem Trunke.
Heut' noch bin ich zimperlich,
doch in Jahren stippe ich
mit und ohne Tatterich
Bretzel, Brot und Bienenstich
tief in deine Tunke.

Ein Schlückchen täglich

Jeden Tag ein Schlückchen Sekt
hat den löblichen Effekt,
dass er deinen Kreislauf weckt
und vielleicht den Intellekt
für manch fruchtbares Objekt.

Reizvoll ist auch ein Aspekt,
welchen man kurzum entdeckt,
dass man, wenn man Sekt geschleckt,
lustig wird und auch sich neckt,
manchmal gar sich selbst erschreckt,
was man wieder ausgeheckt.

Ist das Fläschchen ein Objekt,
das man nah beim Bett versteckt,
wird man durch ein „Plopp" geweckt,
führt's mitnichten zum Defekt. –

Frohen Tages Architekt,
wer sich früh mit Sekt entdeckt.

Koch im Manne

Hör' bitte mit dem Zappeln auf
und setz' dich endlich nieder!
Ich weiß, hast Appetit darauf,
seit langem und schon wieder.

Ich kenne doch dein Leibgericht,
es dampft schon in der Pfanne,
flambiert, gelöscht, hör', wie es zischt,
das kommt vom Kind im Manne.

Ein paar Makrönchen aufgesteckt, –
jetzt bin ich ganz nervös:
Ob es dir wirklich so gut schmeckt,
Krétin rôti mit Klös'?

Veritas in vino

Am Grunde des Kelches
frag' ich mich, welches
in aller Klarheit
ist Wahrheit?

Der Weisen Stein –
sagt man gemein –
auch in Latein –
soll jedenfalls sein
im Wein.

Und Krug um Krug leer' ich.
Gar nichts entbehr' ich.
Den Himmel verklär' ich.
Und ich erwehr' mich
Guss für Guss
all dem Genuss
und dem Überfluss
nimmermehr.

Immermehr
wird mir klar,
was echt ist und wahr.

Doch nicht Wahrheit allein,
auch lustvoller Keim
an wohligem Sein,
selbst geistreicher Reim
schleicht sich zartfühlend ein
beim Wein.

Du wirst erwartet

Da brutzelt etwas im Kamin,
da hängt schon was im Rauch;
ich faste noch und schau' nicht hin,
und die Nase verklemm' ich auch.

Da ist ein Tischlein schon gedeckt
mit festlichem Kerzenschimmer;
im rötlichen Dämmer hat sich Amor versteckt
und freut sich auf uns wie immer.

Zwei Kelche aus Glas, die flüstern leis',
möchten vor Erwartung zerspringen:
„Heut' kommen ... pst, pst", – „ich weiß, ich weiß", –
und die Luft ist wie zärtliches Singen.

Weingeist

So lange bin ich nun begeistert
von all dem Schönen dieser Welt;
nur dass die Zeit das Hirn verkleistert
und mich dereinst die Sense meistert,
das ist's, was mir nicht recht gefällt.

Der alte Junge liebt das Leben,
und schon bei drei, vier Gläschen Wein
da brech' ich aus und bin verwegen,
weil sich verschlaf'ne Säfte regen
und in den Gliedern Sonnenschein.

Ein wundersames tiefes Schnaufen
durchfährt der Seele jungen Born,
brauch' nicht nach Oberstaufen laufen
und mein', im Sich-Zusammenraufen
beginnt das Leben jetzt von vorn.

Ganz recht; in vino veritas.
Ein Schlückchen mehr ist nicht verkehrt;
und trink' ich ohne Unterlass,
find' ich am Boden von dem Fass,
was meine Weisheit mehrt.

Beschließ' ich dann das feuchte Glück
im Wissen meiner Stärke,
kriech' ich mit Gicht ins Bett zurück,
erflehe, dass mein Bestes Stück
von dem Bankrott nichts merke.

Original-Rezeptur und Anleitung für Sol-Ei-Esser

Man hole
aus mittelalter Sole
ein Ei;
bei starkem Hunger zwei bis drei.
Nun schlage man das Ei gemach
an die Stirn;
meist gibt die Eierschale nach,
nur selten das Hirn.
Bleib' trotzdem helle,
befreie schnelle
des Appetites Quelle
aus seiner Pellenzelle. –
Dann folgt schon
die Operation:
Zwischen Skalpell und Daumen, –
es freut sich der Gaumen, –
führst du den Schnitt ins Ei
und drehst es dabei.
Achtung! – Der Schnitt im Weißen
darf keinesfalls heißen,
dass man das Gelbe ritzt;
der Schnitt sitzt,
wenn nach 360° –
wie befreit vom Zölibat –
ein muntres gelbes Bällchen hüpft,
wenn man dem Ei die Kappe lüpft. –
Doch der Ball hat keine Chance,
wie in Trance
quetscht du nunmehr durch die Gabel,
was so gelb und so passabel,

so ästhetisch rund,
in Streifen und zugrund. –
Hier hilft keineswegs Beschwörung,
sondern leider nur Zerstörung.
Motiviert jetzt durch Erbauung, –
letztlich mehr noch durch Verdauung –
rührt man wichtig, flink und lässig
Pfeffer, Salz, Öl, Maggi, Essig
nach Belieben und nach Rasse
bis zu einer achtel Tasse
in die nunmehr braune Masse. –
Gleich wird alles wieder heil,
es folgt der konstruktive Teil:
Man schöffel
mit der Gabel, – besser Löffel, –
in die weißen Eierteiche
dieses braune Flüssigweiche. –
Hier dem Himmel einen Dank,
gesoltes Ei ist ohne Stank,
und das Braun in Weiß gefasst
ist ein lieblicher Kontrast. –
Nun blick' gefällig in die Runde,
dass jeder spürt
bewegt, gerührt,
Schöpfung und Sternenstunde. –
Was wird gleich der Magen sagen,
fragst du dich voll Wohlbehagen,
und du greifst mit biedrer Hand
nach dem Sol-Ei-Zauberland,
stopfst die beiden Eiernachen
in den aufgeriss'nen Rachen, –
und vom Solei bleibet nur
eine ölig braune Spur.

Das Lob der Stöcke

Stöcke nur von Alters wegen
machen Jung-sein-Wollende verlegen.
Doch dass Stöckehilfe nützt,
weil sie Jung' und Alte stützt,
kann man fröhlich akzeptieren,
muss nicht sein Gesicht verlieren.

Und mit unsrem Gleichgewichte
ist das so eine Geschichte.
Denn es gibt da ein Organ,
welches dir zwar momentan
und im Feinen wie im Groben
sagt, was unten und was oben.
Doch nach zwei, drei Gläschen Wein
fällt ihm unwillkürlich ein,
wenn man sich noch eines gönnte,
dass man danach fliegen könnte.

Dann sei dir dein Stock zugegen,
zur Vernunft dich zu bewegen,
und er sticht sich mit Verstand
stoppend in den kühlen Sand,
dass du nun mit Ziel und Maß
trinkst vergnügt ein weitres Glas. –

Niemand braucht dich anzupflöcken,
denn gesichert zwischen Stöcken
– selbst mit Füßen schwer wie Blei –
geht und trinkt sich's einwandfrei.

VIVAT, CRESCAT, FLOREAT

Babys

Gibt es Schöneres auf Erden,
wie wenn Babys flügge werden? –

Ach, die süßen kleinen Kindeln
in den klebrig feuchten Windeln,
wie sie kreischen, wie sie lachen,
wie sie in die Höschen machen!

Reine Freude allenthalben,
das Popöchen einzusalben.
Ausgepackt und eingepackt,
froh ins Frische reingekackt.

Dann, so weiß man aus Erfahrung,
ist es Zeit für frische Nahrung.
Kleinkindkost mit Prädikat
wie der gängige Spinat
und auch andre Köstlichkeiten,
die zum Spucken sie verleiten,
werden nunmehr zugeführt,
weil das Kind sich lauthals rührt.

Wenn sich auch die Nerven reiben,
schönste Bilder werden bleiben.

Pubertät

Heiter ist die Pubertät,
denkt belustigt man von ferne.
Dass man nicht hineingerät,
hätten Eltern gerne.

Dass sie eigne Taten speichern,
hilft den Alten hier und dort.
Rückblick mag sie dann bereichern,
dass akuter Groll verdorrt.

Immer gibt's im Leben Phasen,
die so bitter schwierig sind,
besser wär', sie zu durchrasen,
bis man zu sich selber find'.

Streiche, Sünden, Missetaten,
die durch eignes Werden stoben,
sind nun lustige Granaten
und in Fabeln gern umwoben.

Schleichend geht die Zeit vorbei,
Tage, Monate und Jahre,
und der Jugend Flegelei
grenzt ans Wunderbare.

Feste Feiern

Sei, wie es auch immer sei,
manchmal dräut ein Einerlei,
und am frühen Morgen schon
scheint das Leben monoton.

Gut sind dann Gelegenheiten,
auf dem Anlass rum zu reiten,
den so mancher gern mit List
meidet, weil er lästig ist.

Doch ich kann nur runter leiern,
Feste soll man feste feiern.
Und es machen viel Pläsier
alter Wein und kühles Bier,

Schließlich stimmst Du mir noch bei:
„Gegen jedes Einerlei",
rufst du torkelnd noch im Lallen,
„pfeier' Pfeste wie sie pfallen!"

Gern bin ich bei Dir
(Ein Vater besucht seine Tochter)

Vertrautes ist in Deinem Blick,
wenn ich bei Dir bin
achte ich auf alles
und gegeb'nenfalles
schau' und hör' ich, –
vielleicht stör' ich, –
gar nicht hin.

Manchmal beug' ich mein Genick,
ganz egal warum;
saust doch quirliges Geflatter
außerhalb der Gatter
frank und frei
dicht vorbei
um mich rum.

Hier herrscht freundliches Geschick.
Um uns her
ist's so liebevoll geschmückt,
ist's den Händen so geglückt,
dass das Herz mir überquillt,
dass es mich mit Stolz erfüllt
und so manchem mehr.

Streifen am Horizont

Hätte ich das je gedacht,
so reich zu sein? –
Nach manchem Tag und mancher Nacht,
wo banges Denken ängstlich macht,
so leicht zu sein? –

Mein Fühlen scheint mir dankenswert,
und meine Freude macht mir Lust.
Was eher billig schien, – es ehrt.
Was einsam machte, es vermehrt. –
Nie wär's mir ohne dich bewusst.

Möcht' ewiglich mit dir das Leben greifen
und alles War und Wird und Ist. –
Geduld schafft Tiefe und lässt reifen
und hat bereits am Horizont den Streifen
aus Gold mit unsrer Liebe hingeküsst.

Die Sanduhr

Alter kommt schleichend und kostbare Zeit
rinnt durch die Sanduhr seit Jahren.
Auf dem Häufchen der Körner darunter gedeiht
ein Nichts aus verlorenen Haaren.

Weißt Du noch, bei dem tausendsten Korn
haben wir gerade gestritten.
Bei tausendeinhundert da hast du enorm
an meinem Starrkopf gelitten.

Doch durch die beständige Körnerflut
rieselt die Liebe seit Jahren,
unser Nichts wird erfüllt sein vom kostbarsten Gut,
das wir Menschen jemals erfahren.

Silberhochzeit

Heute werde ich erwachen
voll Zufriedenheit und Glück;
neben mir im Daunen-Nachen
liegt von mir das beste Stück.

Wie viel Regen, wie viel Sonne,
wie viel Tränen, wie viel Freud'! –
Nie versiegt sind Herz und Wonne,
niemals glücklicher als heut'!

Und ich bitte in Gedanken
den, der unser Glück bestellt,
lass' es weiter grün umranken
unser kleines Stückchen Welt. –

Kinder wandern, Freunde gehen,
was uns bleibt, bist Du, bin ich;
werde glückliches Geschehen,
was so unabänderlich!

Sieh, wie leis' in all den Jahren
Eifersucht und böser Stich,
Zweifel, der uns widerfahren,
wie von selber von uns wich.

Wie in manchem stummen Bangen,
in den Sorgen einer Nacht
unsre Herzen sich gefangen
und ein Trost daraus erwacht.

Und die Liebe, die wir hatten,
wechselte sie je ihr Kleid? –

Sieh, die bunt durchwirkten Matten,
Tupfer der Glückseligkeit!

Wie im Garten unsre Liebe
in dem Grün der Pflanzen lebt,
und in summendem Getriebe
unser Fühlen sich verwebt.

Ach, das Hüpfen, Zwitschern, Leben
einer bunten Vogelschar! –
Was mag unser Nest noch geben
im Vergeh'n von Tag und Jahr? –

Und ich spüre, wie sich Träume,
die wir zaghaft in uns tragen,
durch vertrauentiefe Räume
dankbar zueinander wagen.

Dass sich treffen unsre Seelen,
sich verschmelzen in der Zeit,
nicht das höchste Glück verfehlen
seliger Gemeinsamkeit. –

Ob in wachen Kinderaugen,
die heut' kritisch auf uns ruh'n,
wir für sie zum Jungsein taugen
und zum rechten, weisen Tun? –

Wenn wir unsre Hände halten,
wächst in mir die Zuversicht,
dass man einst von jungen Alten
und mit Achtung von uns spricht.

Und ich nehme dankbar hin,
was das Schicksal uns gegeben;
stolzes Lächeln für den Sinn,
für das Du in meinem Leben.

Erkennen

Ein Blick, nicht mehr wie Flügelschlag;
und doch, man fühlte sich getroffen,
weil fern Vertrautes darin lag
und Fracht aus kreativen Stoffen.

Man kämpft und lacht und findet sich,
Distanz verliert an Tiefe.
Und guter Geist verbindet sich
wie wenn er längst uns riefe.

Und offenbart Gemeinsamkeit
im Wunsche stumm begründet,
dass bitte doch ein Stückchen Zeit
im Miteinander mündet.

Gedanken, die sich still bemüh'n,
das Andre schätzend zu begreifen
und zuversichtlich im Erblüh'n
am Fremden selbst zu reifen. –

Wie wohl tut dann ein kleines Wort,
wie dankbar wandert der Verstand,
wie weit trägt uns die Woge fort
ins ferne Erkenntnisland.

Reich

In deinem Arm
war es so warm,
mein Schwarm!
Jetzt sind Kummer und Harm
im Herzen und Darm,
dass es Gott erbarm'.

Dein süßer Mund,
verstecktes Rund
für meine Kühnheit und ... und ...
genügend Grund! –
Oh, glückliche Stund',
der Erlösung Kund'.

Schön ist's zu zweit;
bin immer bereit,
ob's hagelt und schneit
für Liebe und Leid;
zu jeder Zeit
und Gelegenheit.

In dein Herz ich mich schleich',
lieber jetzt als gleich;
von da ich nicht weich',
denn da bin ich reich.
In deiner Liebe Teich
prima gedeih' ich.

SEELENLICHTER

Abendstimmung

Ein lauer Wind weht vom Abort.
Das Licht des Tages stiehlt sich fort.
Der Horizont wird zugenäht.
Der Fleischkäs' in der Pfanne brät.

Besinnlichkeit schleicht sich ins Hirn
und glättet Falten auf der Stirn;
der Krüllschnitt in der Pfeife glimmt
und seinen Weg zum Himmel nimmt.

Manch Ungedachtes wird durchdacht, –
im Plexus summt das Lied der Nacht.
Das Auge wird das Gucken leid,
denn weit und breit ist Dunkelheit.

Sinne tänzeln durch den Leib
nach lusterfülltem Zeitvertreib,
und mildes Lächeln macht sich breit
voll Sehnen und Genüsslichkeit.

Bitte liebe Sonne

Ach, du liebe Sonne scheine
Traurigen die Tränen weg,
überflute größere und kleine
Sorgen, die an meiner Leine,
Zweifel, die im Handgepäck.

Ach, du liebe Sonne mache,
dass ich wieder lustig bin,
hinter Sehnsuchtswolken lache,
dass selbst eine kleine schwache
Stunde nur beglücket meinen Sinn.

Ach, du liebe Sonne wärme
kalten Rücken, kalte Brust,
dass mein Motor wieder lärme
und mein Herz voll Inbrunst schwärme
in dem Strahlen deiner Lust.

Kleines Wehwehchen

Ein kleines Wehwehchen
treibt sich herum;
klatsch' ihm's Popöchen,
lächle stumm. –

Weinen
ist schlafendes Lachen.
Mach' aus dem Keimen
Erwachen.

Sei hilfreich.
Vergib.
Hab Mut.
Sei gut.
Und bitte sei lieb
und gib.

Gute Wege

Unsre Liebe sollten wir vergraben,
etwa fünfzehn Zentimeter in die Erde. –
Sie wird dann an warmen Tagen
wachsen, grünen, Früchte tragen,
dass ihr Plätzchen Gottes Acker werde.

Unsre Träume sollten wir versenken
in den Strom der Herzen,
dass sie uns durch unsre Labyrinthe lenken
und am Ende aller Wege Lichter schwenken, –
sei die Reise auch nicht ohne Schmerzen.

Auf einen niedren Gabentisch gehört das Leben;
dass wir uns täglich tief vor ihm verneigen. –
Aus dieser Sicht erscheint es mehr wert als noch eben,
hilft uns erwachen und zu streben
und liebenswerte Dankbarkeit zu zeigen.

Auf und davon

Sag mir, warum weinst du heute? –
Bist zum Glücklichsein gemacht!
Sieh nur's Lachen mancher Leute,
und schon scheint, was je erfreute,
allgewaltig aufgewacht.

Schlag', mein Herz, schlag' fromm und frei,
eins und zwei und eins und zwei;
wenn mal etwas traurig sei,
schlag' an der Traurigkeit vorbei,

   an der Tri-tra-traurigkeit
   schlag' mit Li-La-Lustigkeit
   einfach dran vorbei!

Sieh dich an, schon lachst du wieder! –
Geradewegs zum Glücklichsein
streifst du ab das stramme Mieder,
spreizt dein duftiges Gefieder,
fliegst mit mir im Sonnenschein.

Nur ein Tag

Komm', nimm dir heute von dir selber frei,
spreng' deine Schale, schlüpf' aus deinem Ei,
spuck' zielbewusst in den Gewohnheitsbrei,
stiehl deinem Fährmann diesen Tag! – Es sei! –

Begnüge dich mit ein paar Scheiben Gnadenbrot,
du bist vor fetter Kost halbtot;
sei dankbar für ein Schlückchen Seelennot,
nimm's hin als unverfälschtes Angebot.

Dein Hemd knöpf' auf und lass' gefang'ne Augenblicke
frei,
vielbunte Schmetterlinge tanzen um dich her;
dann greif' zur allerbesten Arznei:
Kehr bei dir ein. – Dein Glas wird niemals leer.

Sei heiter

Was du gemacht hast!
Wie du gelacht hast!
Wie du gedacht hast;
wie wir doch kritisch waren, –
und müssen nun alles selbst erfahren.

Wie ich bete, dass ich reife,
dass ich alles recht begreife! –

Dem Himmel sei Dank,
du bist aufgewacht,
bist nicht krank,
und es ist nicht Nacht.

Du willst weiter. –
Nicht weit, aber weiter. –

Atme tief,
alles lief
so gut. –
Hab' Mut,
sei heiter!

Gegensätze

Ist das nicht putzig? –
Man wird erst schmutzig,
um rein zu sein.

Mal rennt die Zeit,
mal tritt sie breit.
Was mich so freut,
macht, dass ich wein';
und fühle dann ganz tief und weit, –

und bin doch so unsagbar klein. –

Das Größte im Raum ist die Leere;
drum mag, was ich entbehre,
das Reichste in mir sein.

Humor

Ein Weilchen lang
ohne Antrieb und Schlaf
war mir elend und bang
bis ich dich traf,
Humörchen.

Du kamst als Windchen
zischtest mir leise
mir, deinem Kindchen,
eine Naseweise
ins Öhrchen.

Melodie, Melodei,
da kömmst du geflogen
dein Dideldumdei
hat mich gehoben,
empörchen.

Da steige ich weiter,
weiter nach oben
und hör' auf der Leiter
über mir droben
dein Chörchen:

Was grau war, wird bunt,
frisch fröhlich und ... und
durch der Seele Tor
bricht erfrischend hervor
Humor.

Amors Lieblingslied

Im Sehnsuchtskeller wirst du zart besaitet,
Verstand geköpft und viergeteilt.
Und was zu Honigmond verleitet,
das eilt.

Wenn Amor trifft, streckt er dich hin
zum Liebestraum;
ein kleines Liebesbläschen bläst er zu Beginn,
und draus wird Schaum.

Nun sitzt du drin und spülst dich weich,
und tausend Fingerspitzen prickeln auf der Haut.
Dein zärtliches Verlangen ist mehr Jetzt als Gleich
und staut.

Frühstücksgedanken

Ich sitz' vor meinem Frühstückstee
und rühr' in Freud und Tränen;
ist, was ich trinke unser Weh,
kommt es vom Glückstraumtränensee,
muss Amor etwa gähnen? –

Lieb' ich dich mehr als je zuvor,
fährt rückwärts unser Wagen? –

Die Antwort klingt mir wie Engelchor:
Leg' an die Erde ich mein Ohr,
hör' ich dein Herzlein schlagen.

Verduftet

In der Luft
liegt noch der Duft
von dir. –

Doch die Zeit atmet tief,
wandelt Duft in Mief, –
überall und allhier.

Mit einem Topf
komm ich zu dir und stopf'
deinen Duft hinein;

mit verklärtem Sinn
bade ich drin
daheim.

Blickverhältnis

Ein Blick hatte sich verirrt,
hatte gestiert für Sekunden
und war dann verwirrt
in die Wolken entschwunden.

Ihn traf ein Sonnenstrahl.
Da senkte er sich kilometerweit,
wanderte am Horizont entlang und stahl
sich fort. Verlor Gefühl für Raum und Zeit.

Plötzlich in einer winzigen Unendlichkeit
wunde er zart und warm getroffen
von einem andren Blick, der war genauso weit
entfernt, entrückt und offen. –

Dann machte irgendetwas „klick",
und ich erwachte,
und sah, es war dein lieber Blick,
der freute sich und lachte.

Ach so, daher

Dein ungemein Ichweißnichtwas
<u>hat sich in mir versteckt</u>;
es fragt verschmitzt, was ist denn das,
macht einmal traurig, einmal Spaß,
macht Augen fröhlich, Augen nass
und schmeckt.

Ist es ein Streicheln, ist's ein Wort,
ein guter Blick von dir? –
Ein fernes Rauschen vom Abort,
das ich nur, weil's von dir, gemocht;
das sichere Gehst-Niemehr-Fort-
Von-Mir? –

Es ist das Du-und-Du-und-Du,
das dein Herz laut und leis'
klopft, ruft und flüstert immerzu,
mir immer sagt, wie lieb ich tu'
und gibt und nimmt mir Lust und Ruh,
sich sicher ist und weiß.

Intime Wünsche eines Luftballons

Bin nur ein Luftballon, doch prall vor Wonne,
voll Sehnen, Übermut und Glut und Glück,
und all das dehnt sich noch in warmer Sonne
ein dickes Stück.

Um Himmels Willen, lass' das Blasen
und klemm' mir schnell die Tülle zu!
Du willst doch nicht mein Glück vergasen
mit einem Bums und Nu.

Bind' mich an eine kurze Schnur
und lass' mich dicht vor deiner Nase schweben,
mit Hautkontakt, ein Millimeter nur;
das ist Erfüllung in meinem Luftballonenleben.

Und wenn mich dann dein heißer Mund
der Höchstbelastung näher bringt,
dann stich mit Kraft ins volle Rund! –
Ein kurzes Peng, ein süßer Schmerz, – und
du bist ganz von meinem Glück umringt ...
    ...beschwingt ...
        ...übergossen ...
            ...umflossen...

Frage und Antwort

Vor mir sitzt eine Frage,
die ist ganz dick und fett;
und ich sag' ihr, frage, Frage,
das, was ich auf dich sage,
ist kompliment und nett.

Da rückt sie hin und rückt sie her,
und spielt mit irgendwas,
doch schließlich platzt sie und ist leer
und fragt, wer meine Liebste wär', –
da weiß ich dies und das:

Die ist der Faden an der Naht,
die mich zusammenhält,
die mir gesäte Glückskleesaat,
die ist mein Kraftstrotzblattspinat,
die ist mein Glücksspielfeld.

Die ist mein Lächeln im Gesicht,
die ist mein Augenstrahlen,
die ist im Dunkelsein das Licht,
mein Sinn, mein Seelengleichgewicht,
die ist der Grund für dies Gedicht
und die Farbe zum Glückskäfermalen.

Essenz im Glas

Es spiegeln sich zwei Augen
im blanken Rotweinglas,
beginnen nach und nach, mich aufzusaugen,
verschwimmen mich im roten Nass.

Ich schaukle auf und nieder
in langdünigen Rotweinwellen.
Ich schwinde, du beginnst dich zu erhellen,
und deine Augen singen stumme Liebeslieder.

Sirenenzauber lässt mich glücksverzehrend sinken;
ich atme, trinke, küsse dich.
Und was im Glas beginnt zu blinken,
ist die Essenz vom Du und Ich.

Sommer

Manchmal ist der Himmel bleiern.
Komm', ich nehm' dich an die Hand;
lass uns einfach Sommer feiern, –
unser Sommer hat Bestand.

Wie die Liebe uns begleite –
eine Einigkeit zu zweit –
segeln Vögel durch die Weite,
tauchen in die Ewigkeit.

Sehnsucht tragen ihre Schwingen,
tragen sie in stummem Glück,
und sie kommt als Sommersingen
hoffnungsfroh zu uns zurück.

VERDOKTERT UND VERPILLT

Der Kettenraucher

Raucherbein und Raucherlunge, –
pelzig ist die Raucherzunge;
in den Alveolen schwer
klebt bedenklich schwarzer Teer.

Doch der Mensch ist guter Dinge,
bläst gemütlich weiße Ringe,
die den Raum mit Düften füllen
und dich nebulös umhüllen.

Fesselnd sind die Zigaretten,
raucht der Raucher sie in Ketten.
Und in Ketten liegt die Stärke, –
schnell ein Zug, dass man's nicht merke!

Erst diskret dezentes Prusten,
dann ein delikates Husten.
Lösend jetzt der Lungenzug,
Rauchers schönster Selbstbetrug.

Nun, man muss sich konzentrieren,
nicht im Grübeln sich verlieren,
und man wird recht kreativ
im Dunst von Zigarettenmief.

Also schnell ein neues Päckchen –
oder mit Tabak das Säckchen,
dass man in den Pfeifenkopf
auch einmal ein Quantum stopf'.

Doch der edle Lebensstil
wird dem Raucher schnell zu viel,

wie er's von der Pfeife kennt,
Brodem auf der Zunge brennt.

Folgend kulturellem Drang
kommt nun der Zigarrenzwang.
Was Herrn Churchill schon gefiel,
ist das Spiel mit der Brasil.

Wenn im Kopf auch leicht benommen,
scheint der Raucher angekommen. –
Leider Täuschung: – Zapperlot! –
eheliches Rauchverbot!

Das war wirklich zu erwarten.
Also raucht er jetzt im Garten. –
Demut spürt er mit der Zeit,
Mangel an Bequemlichkeit.

Aspirant, ich kann drauf wetten,
greifst beherzt nach Zigaretten,
gehst dem Spruch nicht auf den Leim:
Rauchen, das kann tödlich sein.

Extraktion

Wenn's nach mir geht, ich drück mich,
doch meine Frau schickt mich.
Zum Teifel
ich hab' Zweifel!
Über fünfzig Jahre,
und jetzt die klare
Entscheidung;
warum nur, warum? –
Böser Zahn,
hast weh getan,
hatte lange Geduld,
bist selber schuld. –
Doktor schwitzt, ich schwitze,
herrjeh, die Spritze! –
Und der Helferin Brust
so dicht
vorm Gesicht!
Ist ihr das bewusst? –
Bin schließlich Mann,
der nicht anders kann
als ...aua! – Tut's weh? –
Nee!
Ist doch alles ein Klacks.
Jetzt: kracks!
Stück ausgebrochen.
Stechen und Stochen,
da, dieses Klirren,
Kreißen und Sirren
und dieses Bohren
zwischen den Ohren!
Ich starre und gucke
nach oben zur Decke.

Was ich da lecke,
Blut und Spucke. –
Doktor eilt,
Zahn wird geteilt.
Wieder die Zange,
ja, wie lange
geht das denn noch!?
So viel Zeit für ein Loch! –
Was soll ich jetzt denken?
Muss mich versenken,
im Sprechen faul
mit dem Werkzeug im Maul. –
Mir ist ganz besoffen. –
Jetzt ganz weit offen!
Ziehen und klemmen,
drehen und stemmen –
auf der Brechschale: Klick! –
Ein letzter Blick
verschwommen,
benommen:
die Zahnurine.
Nein, Zahnruine. –
Die Sprache ist flach,
Betäubung lässt nach.
Belohnung? – Ich wette
eine Tablette
und ein Schulterklopfer:
Nein, wos woren sie topfer!

Traum vom saften Dentisten

Dass Ihr's wisst:
Ehe mein Dentist
meine Knete frisst,
mach' ich ihm mit Lust
meinen Frust bewusst!

Bin ein scheues Reh,
wenn ich ihn nur seh',
tut es mir schon weh.
Wächst denn durch mein Jemine
in des Arztes Portemonnaie
grüner Klee?

Ohne Gnadenfristen
muss man was erlisten,
gegen die Dentisten, –
denn die stehen weit und breit
für Quälen, Bohren, Schmerz und Leid, –
keineswegs für Ärmlichkeit;
mag sein ob ihrer Tüchtigkeit.

In der Praxis muss sich lohnen,
Patienten zu verschonen.
Her muss ein Schmerzmessgerät,
das durch Tonsignal verrät
schon bei sanfter Injektion
leisen Schmerz durch schrillen Ton,
welcher dann bei Extraktion
kreischend wird bis 100 Phon.

Registriert, zudem fixiert
wird, was hier mit dem Schmerz passiert.

Denn in 10 präzisen Stufen
wird nun zwingend abgerufen,
was der Arzt dir an Rabatt
schmerzbedingt zu zahlen hat.

Dieser Wissensstand bereichert,
man besucht den Arzt erleichtert,
denn im Hort oraler Zonen
kann nur Schmerzvermeidung lohnen.

Prost-ata, Bye, Bye

Ach du liebe Prostata,
gut, dass ich dich niemals sah!
Hinterm Schambein tief verborgen
machtest du dir Nachwuchssorgen
abertausend Mal vergebens,
zweimal für den Sinn des Lebens.
Im Verbund mit den Kollegen
tat's du stolz die Lüste pflegen. –

Doch ein Mann in grünen Roben
insistierte stramm auf Proben
und verurteilt böse Zellen,
die gefährlich in dir quellen,
dass das Umfeld bös verseucht ist,
welches artig, brav und feucht ist.

Schon ertönt das Halali:
„Radikale Tektomie!"
Samenbläschen, Lymph' im Becken
wollen sich noch schnell verstecken.
Ignoriert wird all der Spaß,
heute beißt ihr stumm ins Gras.
Dass hier Lust gewerkelt hat,
steht auf einem andren Blatt.
Doch wie sehr das Seelchen litt,
ritsch, – zu spät, das war der Schnitt!
Und dann folgt gezielt Gemeuchel
tief im Inneren vom Bäuchel.
Routiniert mit Akribie,
dass auch nichts von hinnen flieh';
all der Lüste ungeachtet
wird geschnipselt und geschlachtet,

wird getrennt, sortiert, geflickt
nach Hippokrates Edikt,
dass das Böse ganz verwese,
der Patient verbürgt genese.

Selbiger wird noch was schlafen,
träumt den Traum vom Pornographen;
wacht bald auf aus der Narkose,
lächelt über tote Hose.

Ata geht, doch bleibt zum Trost
immer noch ein muntres Prost!

Dank eines Patienten nach der Operation

Leben, Leben, nichts als Leben,
nichts Vergleichbares daneben, -
ausgeknipst aus Zeit und Raum
in vorherbestimmtem Traum.

Unvergesslich, dieser Morgen,
vier, fünf Stunden frei von Sorgen.
Im Nirwana intubiert,
massakriert und filetiert,
fein seziert und präpariert
inspiziert, studiert, taxiert,
repariert, fundiert saniert.

Dann nach dem Organsalat
schließt die Naht die große Tat.

Müde, aufgeräumt, naiv,
ahnend, dass es gut verlief,
klitzeklein, du mein Humörchen
öffnet sich dein Himmelstörchen.
Winzig, jedoch ungebrochen
kommst du leis' hervor gekrochen.
Dankbar schleicht sich eine Träne
durch die Medizinerszene.
Sorge, Liebe, Wissen, Können
spürt man umeinander rennen;
und im Heer der weißen Kittel
brauchen Werte keine Titel,
denn die achtsam warmen Hände
sind wie heilende Verbände.

Augen gefüllt mit Gedanken

Augen gefüllt mit Gedanken
und Angst vor der kommenden Nacht, –
ob man aus einem kranken
Zustand wieder erwacht?

Voll sind die Augen wie Krüge,
die dir das Leben gefüllt;
und noch weiter fahren die Züge
im Gesicht, das es nichts mehr verhüllt.

In einer Zeit des Ertragens –
Sehnsucht hinter tapferem Mund, –
lass mir die Gunst des Behagens
und auch zur Freude den Grund.

Seniorenträume

Nur etwas Licht, nur etwas Mut,
nur zwei, drei Einfälle ins Hirn,
nur einen Schuss Lukull ins Blut,
nur satte Power in die Stirn!

Und künftig jeden zweiten Tag gejoggt,
kreuzwortgerätselt, was die Presse hält,
verklebte graue Zellen outgeknockt,
die Brust gemuskelt und geschwellt.

Erfrischend, wie die letzten Zähne mahlen,
wie sich der müde Körper steift,
wie sich die Glieder in der Sonne aalen, –
adonisähnlich und gereift.

Schnell noch die Krümel aufgefegt,
die Brösel aus der Cortex' Masse,
schnell noch was heißen Rhythmus aufgelegt,
noch ein paar Williams in die Kaffeetasse.

Und jetzt den Ventilator eingeschaltet,
der bläst den Feinstaub aus dem Hirn,
auf dass der Glaube nie erkaltet,
du wärest Dauerleben unter Gottes Schirm.

TIERISCH

Schmeißfliege

Spatzenliebe

Sieh nur, die Spatzenkinder,
ausgelassen und voller Mut.
Wenn ich die Augen schließe,
ist ihre Süße
in meinem Blut.

Durch bunte Zweige zwitschert ihr Lied. –
Gefiederter Ball
kugelt wonnig und prall
durch mein Gemüt.

Er plustert beglückt sein Gefieder
und macht seinen Schnabel lang.
Siehst du von fern an ihm nieder,
ist's ein Ball mit vier Füßchen dran.

Sind zwei Schnäblein, die sprudeln und schwatzen,
quirlig, erfrischend und hell
wie ein ewiger Quell
der Liebe, von Spätzin und Spatzen.

Der Wasserfloh

Der Wasserfloh, der Wasserfloh,
der liebt das Wasser sowieso
und heißt nur deshalb Wasserfloh,
weil er nie aus dem Wasser floh.

Und ohne Wasser? – Wie denn das? –
Da wäre er ja nicht mehr nass! –
Mit etwas Glück lebt er en masse
sogar im Regenwasserfass.

Der Floh nie Durst nach Wasser hat, –
im Wasser hat er Wasser satt.
Weil er sein Heim im Wasser hat,
er selten einen Hasser hat.

Der Flohbesitz ist kein Befall,
selbst nicht im warmen Hosenstall.
Für Menschen ist er keine Plage
dank seiner Unterwasserlage.

Und der Befund macht eher froh:
Ich habe einen Wasserfloh.

Mausetot

Die Maus hier, die ist mausetot.
Man kann nicht töter sein;
sieht Morgen- nicht, nicht Abendrot, –
ein Exitus beim Abendbrot, –
ging Käse auf den Leim.

Ein kurzer Klick ins Mausgenick –
den Käse im Gebiss –
beendete das Mausgeschick.
Ein alter Mäusefallentrick,
der sie ins Jenseits riss.

Sie litt, bevor sie hier verschied,
akut an Mäuseplage. –
Der Lebewesen Unterschied,
in den sie tragisch rein geriet,
ist die Interessenlage.

Frühling im Herzen

Grad' rappelt sich der Frühling auf,
er rüstet sich zum Stapellauf.
Es macht den größten Spaß mit dir
ein Streifeszug durch Pflanz' und Tier'.

Sieh dort im feuchten Biotop
sprießt schon ein erstes Liebelob
und Müsliwurz und Blaumichrot
und Edelei und Mütterschlot
und Schneckenbund und Fidelwurz
wie auch der üble Jungfernfurz.

Und über uns hoch im Geäst
der Hopfenwürger baut sein Nest. –
Im toten Laub hör' ich was rasseln,
das sind die ersten Dickbeinasseln,
des Asselhähers Leibgericht
versteckt sich vor der freien Sicht.

Der Häher zwitschert hoch im Himmel,
derweil triliert der Blaubeergimmel
und auch der bunte Flötenkopf
sowie der Finkenammerhopf,
der Samenknack, der Schnabelzupf,
die Blaukapp' wie der Zwiebelhupf,
der Blödelspecht, die Schwarzmeermacke,
der Himmelhecht, die Dotterracke. –

Man spürt den Frühling allerorten,
er hüpft durchs Herz und hüpft in Worten.

Die gemeine Bärmeise

Winzige Dinger,
aber Wüstlinger:
Lässt man Bärmeisen gewähren,
fressen sie Bären. –

Kaum zu glauben,
da hängen Trauben
von diesen Meisen
vor dem Verzehr
an einem Bär;
in der Fachsprache heißt das „bemeisen":
Sie „bemeisen" den Bär vorm' Verspeisen. –

Also, erstaunlicherweise
geht die kulinarische Reise
durch tausende Mägen. –
Man sollte erwägen,
ob der blutigen Schlacht
sie Hyänen der Nacht,
kurz Raubtier zu nennen. –

Man darf nicht verkennen,
jener Verzehr
galt einem Bär. –
Dort die Bärmeisenstraße
gilt neuem Fraße.

Drum sei auf der Hut,
die sind rünstig nach Blut:

Lauf', Freundchen, lauf',
gleich hörst du auf

zu lachen! –
Tausend Beinchen kratzen,
tausend Mäulchen schmatzen,
tausend Kieferchen krachen.

Der Ameisenbär

Im Gegensatz zum Nasenbär
ist dieser Bär besonders schwer;
gerade im Bereich der Nas';
die reicht im Stehen bis ins Gras.
Und damit rüsselt er dahin
und hat nur Ameisen im Sinn.

Man sagt, dass er zum Hausmann taugt,
denn Feld und Wald wird abgesaugt.
Es reicht bereits ein tiefes Schnaufen,
und fort ist ein Ameisenhaufen.
So dezimiert er das Revier
um jenes goldig' Krabbeltier.

Man appelliert an Jägers Lust,
weil man nichts Besseres gewusst,
und gibt ihn gar dem Jagdtrieb preis
mit Abschussquote und zur Speis',
so dass nun Gaumenfreuden winken
in Form von Nasenbärenschinken.

Und grad' der Rüssel fein tranchiert,
in kleine Scheibchen filetiert, -
sodann geschmort im eig'nen Saft,
soll stärken Lust und Manneskraft. –

Des Bären Glied in Knoblauchrahm,
wenn man's dem Tier im Lauf entnahm,
mit Sellerielauch an Majonäse,
in Wein getunkt, à la française,
das ist ganz schlicht des Schicksals Gunst,
der Gaumenfreude höchste Kunst.

Der Tierschutz ist hier Ärgernis,
vergiss ihn schon beim ersten Biss!
Nur der Genuss ist's, der hier zählt, –
du hast das Köstlichste gewählt.

Jetzt noch ein Löffel Bratensaft. -
Das letzte Gliedstück ist geschafft.

Ach ja, ich hatt' es fast vergessen,
man sollte sich nicht überfressen,
auch hier ist es das alte Lied,
im Magen liegt das Bärenglied. –

Nun ist's für Reue schon zu spät;
drum rat' ich dir zu der Diät, -
die auch nach kundigem Bericht
des Nasenbären Leibgericht:

Ameisenaspik an Gelee,
Ameiseneierkanapee.

Der Grindfloh

Des einen Lust, des andren Leid,
ist Seife und ist Sauberkeit.
Hie kommt es vor, dass jede Por'
die kleinste Freud' am Dreck verlor;
Dort wirkt schon wie ein böser Fluch
ein leichter süßlicher Geruch,
der aufsteigt aus der Scham der Haare;
und man erahnt im Lauf der Jahre,
der Mensch, der ist nun einmal so;
und Selbiges erkennt der Floh:

Vor eines Kopfes Grindelwald
da macht der Grindfloh niemals halt;
denn dort ist's herrlich scheußelig:
Dies Kopfes Haut wirkt streuselig.
Wie wir den so benannten Kuchen
wird so ein Grindfloh Streuseln suchen.
Und während unser Freund sich kratzt,
hört man den Grindfloh, wie er schmatzt.

Der Mensch tut in die Ferne glotzen,
derweil die Flöhe ihn schmarotzen;
denn auf des Kopfes Trottoir
der Floh ein Pars pro toto war:
Im nahrhaft köstlich warmen Grind
man seine ganze Sippe find',
und wenn man schon nach Wochenfrist
sich heimlich naht dem Kopf mit List,
sieht fasziniert man, die Bewegung
kommt nicht vom Wind, kommt von Belebung.

Nach diesem ernsthaften Befund
vergiss den guten Tierschutzbund;
hier hilft nur eines wunderbar:
Eliminieren Grind und Haar. –

Man scheu' nicht Kosten, nehm' die teure
Karaffe mit des Salzes Säure,
die Gummihandschuh' zieh man über, –
sonst sind die Fingerchen hinüber. –
Und nun besprenkle man den Zoo, –
der Haarpracht kleines Flohdepot, –
und mit dem Lappen – griffbereit –
der Kopf vom Unrat wird befreit.

Danach besprüh' man intensiv
des Schädels Rest mit Fixativ.

Die Schmeißfliege oder der Kreislauf

Die Schmeißfliege kommt wie geschmissen
geflogen wo man hingeschissen. –
Bisweilen an der Autobahn
trifft man sie gern in Schwärmen an;
hier auf den schönen Vesperplätzen
tun sich viel Menschen niedersetzen. –
Man isst und pflanzt so allerlei,
wie das bekannte Frühstücksei:

Hie köstlich buntes Pausenbrot,
dort Resultat von Leibesnot.
Die ist der Fliege Elixier,
ob mit , ob ohne ein Klistier,
ob dick, ob dünn, ob schwarz, ob braun, –
das Exkrement – der Fliege Traum.

Kaum, dass die Notdurft zwingt zum Sitz,
schon kommt die Fliege wie der Blitz
und stürzt als schillernd bunter Schwarm
auf alles, was entleert der Darm.
Doch nicht genug, es kann gescheh'n,
dass diese Fliegen aus Versehen
wie auch der Speisenvielfalt wegen
sich auf ein Butterbrot begeben.

Und hier fängt nun der Kreislauf an, –
Recycling sagt man dazu dann; –
ein Blick zur Seit', ein rascher Biss,
zu spät, man isst den Fliegenschiss
oder den Äpfelrest von Rossen,
und schlimmstenfalls von Artgenossen;

denn jedes eine Fliegenbein
taucht landend in die Schiete ein,
und mikroskopisch, tuck, tuck, tuck, –
manch filigraner Fußabdruck. –

Man ignoriert und nimmt nicht krumm
das aggressivische Gesumm:
Man kann ja letztlich gar nicht wissen,
wer hier aufs Pausenbrot geschissen,
ob Exkrement am Fliegenbeine
besitzt wohlmöglich böse Keime,
die schenken Diarrhöe und Ruhr –
und dieses durch die Fliegenspur.

Man spürt im Darme etwas reifen,
gekennzeichnet durch Magenkneifen
und dass ein unschuldhaftes Blähen
tat Feuchtes in die Hosen wehen.

Dann eine panikgleiche Flucht, –
im Busche schon die Schmeißflieg' surrt, –
wie schon erwähnt, – stürzt wie geschmissen
auf das, was wir inzwischen wissen.

Jammerlied der Eintagsfliege

Wenn ich das Licht der Welt erblick',
lieg' ich bereits im Sterben.
Am besten nehm' ich einen Strick
bei meinem tragischen Geschick
und jenem meiner Erben.

Die Kröte hier, – mach's dir mal klar, –
schleppt zwar an schwerem Schild,
doch kocht man sie ganz selten gar,
meist lebt sie zwei-, dreihundert Jahr'. –
Das passt doch nicht ins Bild!

Mit Recht könnt' ich beleidigt sein, –
ich halt' das für Intrige. –
Nein, nein, ich gehe noch nicht ein –
und euch nicht auf den Fliegenleim. –
Ich mach' jetzt eine Fliege.

DURCHS JAHR SPAZIERT

Januar

Im Zeitenlauf wird ganz verschwommen,
was man sich alles vorgenommen.
Geht was zu Ende, – wie in Trance
wittert die Menschheit eine Chance,
zunächst in Frieden zu agieren,
und dann sich ethisch optimieren. –
Die Luft ist rein, der Himmel klar,
Gegrüßet seist du, Januar!

Februar

Im Februar verspürt man nur
die Wirkung jener Hungerkur,
die man sich festtags auferlegt. –
Inzwischen ahnt man schmerzbewegt,
der Zeitplan hatte starke Mängel,
denn um die Pralinees von Sprengel
und ihren Vorrat wär' es schade,
der wird durch langes Liegen fade.

März

Durch Klimawandel bringt der März
den Skigebieten den Kommerz.
Auch spinnen viele Orthopäden
durch Knochenbrüche güld'ne Fäden.
Wenn sich auch manches Bein verbiegt,
die Lust, die Freude überwiegt.
Im Großen Ganzen strebt das Herz
im Märzenmonat himmelwärts.

April

Ja, der April ist recht bizarr,
denn schon am ersten bist du Narr.
Kaum ist ein übler Scherz verdaut,
das Wetter um die Ohren haut. –
Ein Sonnenschein lockt dich vors Haus,
dann kommt Gewitter mit Gebraus.
Du rennst zurück in wilder Hast,
April, der lacht sich einen Ast,
kippt über dich ein ganzes Fass,
und dein Humor ist pitschenass.

Mai

Vier Monate hat er gewacht,
nun lacht der Mai in voller Pracht.
Vorbei ist's endlich mit Frau Holle,
es reift die Knolle in der Scholle.
Es fleucht und zwitschert im Geäst,
der Bauer seine Flur verpesst,
damit aus gut gegüllter Krume
gen Himmel sprießt Korn, Frucht und Blume.

Juni

Wenn's auf dem Feld nach Erdbeer'n riecht,
der Pole durch die Furche kriecht.
Und auch bis zum Johannistag
man jene Fremden gerne mag,
die mit geübten Fingerspitzen
den Spargel aus der Erde schlitzen.
Fatal global? – Ist uns egal. –
Wie köstlich ist ein Spargelmahl!

Juli

Der Juli lacht uns sonnig an,
zieht nackte Haut in seinen Bann.
An Sonne gibt es fast zu viel;
Biergärten sind des Wandrers Ziel.
Kastanienbäume bieten Schatten,
der hilft uns, dass wir nicht ermatten.
Und statt mit Euros kleinlich geizen,
kühlt man sich ab beim Hefeweizen.

August

Herr Sommer wird recht selbstbewusst
und prahlt mit Hitze im August.
Jetzt wird es Zeit um Himmels willen,
den Durst nach Lebensglück zu stillen.
Das Hier und Jetzt ist schließlich warm,
und bald entflieht des Sommers Charme.
Gemüt und Körper sind im Lot
bei einem Wein im Abendrot.

September

September ist, wenn sich das Licht
in satten, warmen Farben bricht.
Dann darfst du nicht dein Laufwerk schonen,
auf Berge steigen wird sich lohnen.
Erquickt wird man mit weitem Blick –
auch in das eigene Geschick,
so dass man sinnend still begreift,
nicht nur die Früchte sind gereift.

Oktober

Damit du recht den Bauern lobst,
prüf' im Oktober fremdes Obst.
Und dass man auch dein Urteil glaube,
nasch' weiße wie auch rote Traube,
auf dass die Süßigkeit macht Durst
auf Labsal wie auf Wein und Wurst. –
Wer dich vermisst, der soll dich suchen
im Gasthaus und bei Zwiebelkuchen.
Da wird beschwingt dein Herz, dein Bein
bei neuem und bei altem Wein.

November

Nass, kalt und trist ist der November;
es droht das Ende vom Kalender.
Gemütlich warm ist's eher drinnen,
und auch der Mensch kehrt sich nach innen,
wehrt sich konstant der Lethargie,
besinnt sich seiner Phantasie.
Er macht Musik, – die nie verdrießt, –
bastelt und werkelt oder liest.

Dezember

Andacht, Friede, Glockenklang,
Freude schenken, Chorgesang;
Dezember macht der Menschheit Mut,
und tut auch dem Konsume gut.
Das Weihnachtsmänner-Christentum
erlebt Dezember seinen Boom. –
Gott hebt den Finger, lächelt leise:
Besinnt euch, Menschlein, werdet weise.

LIMERICKS –
DER WAHRHEIT AUF DER SPUR

Ein Aristokrat aus dem Norden
kam nach Ulm, um die Gattin zu morden.
Doch sie konnt' es besser
und stach mit dem Messer
durch seinen Hosenbandorden.

Eine Dame aus Kirchheimbolanden
hatte Männern stets widerstanden.
Doch als sie bei Sekt
ein Lüstchen entdeckt,
kam ihre Unschuld abhanden.

Ein Bäcker aus Speyer am Rhein
der wollte ein Heiliger sein.
Er buk ohne Lohn
den dortigen Dom.
Doch beim Naschen stürzte er ein.

Ein Winzer aus Unkel am Rhein
hat athletische Waden wie Stein.
Jede Wespe, die sticht,
sich den Stachel abbricht
und geht schließlich gnadenlos ein.

Ein massiger Trödler aus Brighton
ließ sich zu Schulden verleiten.
He said: „This Rolls Royce
is my whish and my choice."
Nun spricht man von Dickfälligkeiten

Ein Schreiner aus dem Ort Langenargen
ließ sich arglos zur Probe einsargen.
Extrem unbeliebt
er im Sarge verblieb,
was die Nachbarn erleichtert verbargen.

Nach Wochen kam ein Gendarm
mit einem Gesuch unterm Arm.
Wo ist hier der Schreiner? -
Vom Verbleib wusste keiner.
Man dachte nur still, „Gott erbarm".

Eine Frau aus dem Orte Salzgitter
die wartet gern auf Gewitter,
schmiegt mit Worten sich dann
an manch Mannsbild heran:
„Oh, spürst Du, wie erregend ich zitter?"

Zwei Zwillingsschwestern aus Schleiden
die kann man nicht unterscheiden.
Wen der zwei man hofiert,
sich mit wem amüsiert,
kann keiner wirklich beeiden.

Ein Spezialist in Bad Wimpfen
erklärt feinen Damen das Impfen.
Doch das Injizieren
ging manch' Herrn an die Nieren;
jetzt ist ganz Bad Wimpfen am Schimpfen.

Axel Rheineck

geboren im Kriegsjahr 1941 in Remscheid. Nach dem Abitur mit kreativen Tätigkeitsfeldern geliebäugelt. Trotzdem Entscheidung für eine kaufmännisch technische Ausbildung, die zum späteren Wirkungskreis in der Remscheider Werkzeugindustrie führt.
Über 30 Jahre Geschäftsführer und Gesellschafter eines mittelständischen Produktionsbetriebs. In der knapp bemessenen Freizeit des Unternehmerlebens entstehen immer wieder Gedichte von unterschiedlicher Couleur, die in der Presse veröffentlicht, Sketche, die im Rundfunk gesendet werden.
Im Ruhestand endgültiger Umzug nach Langenargen am Bodensee. Hier nimmt die literarische Aktivität Fahrt auf. Jede Woche wird ein Gedicht im Lokalblatt von Langenargen veröffentlicht.
Bei einzelnen Lesungen großer Beifall, Vergleiche in der Presse mit Eugen Roth und Wilhelm Busch.
Neben dem „Litera-Türchen" ist Ende 2018 der zweite Gedichtband erschienen, das
„Hirn im Schaukelstuhl".